In diesem Buch spricht ein regloser und stiller Geist. Indem wir den Worten eines stillen Geistes lauschen, wird unser Geist still – oder zumindest stiller. Indem wir lesen, das Buch niederlegen und nachspüren, und dann beim Weiterlesen etwas wacher zuhören, haben wir am Satsang teil, hier und jetzt.

In diesen Protokollen aus Satsangs und privaten Interviews beantwortet Poonja alle grundlegenden Fragen, die sich, wie jeder Wahrheitssuchende weiß, immer wieder aufs Neue stellen. Eine ausführliche Beschreibung von Poonjas Leben und Weg ist der Sammlung, die sich wie ein orientalisches Märchen liest, vorangestellt.

Geschichten und Parabeln durchziehen auch die Gespräche Poonjas mit seinen Schülern und bereichern die klare, kompromisslose Lehre um ein buntes Leuchten. „Wo hast du den Frieden her," fragt Poonja seinen Schüler und damit auch den Leser, „da du doch im Moment vorher unruhig und aufgeregt warst?" Der Schüler: „Ich habe nachgesehen." Und Poonja: „Ja. Das hast du vorher nicht getan. Nach Millionen Jahren voll Aufregung und Unruhe siehst du nach und findest Frieden."

H.W.L. Poonja

Sei still!

Satsang mit H.W.L. Poonja

204 Seiten
Qualitätsbroschur
ISBN 3-933496-61-6
€ 15,00 | 25,90 sFr

Nichts und niemanden
mache ich mir zu Eigen.
Ich lebe einfach
und alles wird
mir geschenkt.

Hein Stufkens

Der siebenfache Pfad des Franz von Assisi

160 Seiten
Hardcover
ISBN 3-89901-000-0
€ 17,00 | 29,10 sFr

Protokolle aus Satsangs und Interviews mit Papaji

H. W. L. Poonja erfuhr sein erstes Samadhi im Alter von neun Jahren. Fünfundzwanzig Jahre später begegnete er seinem Meister, Sri Ramana Maharshi, ging aber weiterhin seiner Arbeit nach. Als er sich 1966 zur Ruhe setzte, begannen sich immer mehr Suchende einzufinden und als er im September 1996 verstarb, waren es Hunderte, von denen viele auch selbst die Erleuchtung erfuhren.

NEUERSCHEINUNGEN FRÜHJAHR 02

J.Kamphausen

AURUM

Dieses Buch ist dem Menschen Franz von Assisi gewidmet, einem Menschen auf der Suche, der seinen Weg gegangen ist, einen Weg mit sieben Stationen der wachsenden Erkenntnis, einen Weg, den jeder von uns noch heute gehen kann – konkret im Außen als Pilgerpfad und als inneren Weg der Erkenntnis dessen, was im Leben wirklich von Bedeutung ist.

Und ganz viele sind bereits auf dem Weg, auf dem achtfachen Pfad des Buddha, aber auch wieder auf den Spuren Jesu oder auf denen des Franz von Assisi. Nicht umsonst wurde Franz von Assisi von den Lesern der englischen Zeitung Times zum Mann des Jahrhunderts gewählt.

Hein Stufkens arbeitete 15 Jahre lang als Lehrer für Philosophie und hat viele Bücher geschrieben.
Er gibt Seminare über Spiritualität und Bewusstsein und leitet Zen-Meditationen. Hein Stufkens spricht sehr gut Deutsch und steht für Vorträge und Seminare in Deutschland zur Verfügung.

Peter Russell beweist hier, dass wir uns heute mitten in einem neuen Paradigmenwechsel befinden, der alles in Frage stellt, was wir bisher für die Wahrheit gehalten haben. Beginnend mit Plato rollt er die Entwicklung der Wissenschaft vor uns ab und führt uns von der Relativitätstheorie und dem Raum-Zeit-Kontinuum bis an den Punkt, wo die Aussagen der Physiker mit denen der Mystiker und Philosophen deckungsgleich sind. Die so genannten Erleuchteten, sagt Russell, sind Menschen, die das neue Paradigma für sich persönlich verwirklicht haben. Sie wissen nicht nur, dass alles aus Bewusstsein entsteht und Raum, Zeit und Materie keine absoluten Größen darstellen (wie die Wissenschaft bewiesen hat), sondern sie nehmen es auch so wahr. Sie leben in einer anderen Welt, einer wahreren Welt, die zutage tritt, wenn die alten, überholten Vorstellungen als falsch durchschaut werden.

Russell lässt uns an seiner eigenen Entwicklungsgeschichte teilhaben und baut in seinem Buch lauter tragende Brücken zwischen der Wissenschaft und dem Göttlichen. Diese Brücken kann der Leser voller Entdeckerfreude überqueren, und sie bringen ihn der Wahrheit so nahe, dass er – wenn er es zulässt – am Ende des Buches die Welt mit neuen Augen sieht.

Peter Russell

Quarks, Quanten und Satori

Wissenschaft und Mystik: Zwei Erkenntniswege treffen sich

128 Seiten
Hardcover
ISBN 3-933496-60-8
€ 17,00 | 29,10 sFr

Ein Brücke von der Wissenschaft zum Göttlichen

Peter Russell ist Physiker, Psychologe und Computerwissenschaftler, Meditierer. Sein Lebenswerk ist es, das Wesen des Bewusstseins zu erforschen. In seinen Büchern, die teilweise zu Bestsellern wurden, breitet er mithilfe von Physik, Philosophie, Psychologie eine neue Weltsicht vor dem Leser aus.

Die Erfolgs- und Management-geheimnisse des Veda

Alois M. Maier
Dr. med. Ernst Schrott

Glück und Erfolg sind kein Zufall

Die Erfolgs- und Management-geheimnisse des Veda

456 Seiten
Qualitätsbroschur
ISBN 3-933496-62-4
€ 20,00 | 33,80 sFr

Management und Veda? Moderne Organisationen und uralte indische Weisheiten? Wie passt denn das zusammen?

Sehr gut, sagen die Autoren dieses erstaunlichen Buches, denn „Veda heißt Wissen – und Veda ist das zeitlose Wissen um die Erfolgsgeheimnisse der Natur."

Vedisches Management baut auf der Erkenntnis auf, dass der Mensch Teil der Natur ist und ihm ihre Intelligenz und Organisationskraft vollständig zur Verfügung stehen. Es geht also darum, die Erfolgsprinzipien der Natur im eigenen Leben umzusetzen. Der erste Schritt besteht in der Einsicht, dass *Glück* das eigentliche Geheimnis des Erfolges ist und das betrifft alle Lebensbereiche des Menschen, nicht nur seinen beruflichen Erfolg. „Glücksmanagement" entspricht der Kunst, die Natur für sich arbeiten zu lassen. Der Kunst, weniger zu tun und mehr zu erreichen. Der Kunst, auf der Basis von Bewusstsein zu agieren, Intuition und Kreativität einzusetzen, und klare Motivationen zu haben. Der Kunst, im Einklang mit seinem Dharma sowohl individuell als auch global Glück und Frieden zu erzeugen.

Wenn all unser Handeln aus einem höheren Bewusstsein aufsteigt, können wir gar nicht anders: Wir sind erfolgreich.

Alois M. Maier ist Mitentwickler des *Maharishi Corporate Development Programme*, das bereits in hundert Firmen rund um den Globus erfolgreich ist.
Dr. med. Ernst Schrott hat jahrelang eine Ayur-Veda Klinik geleitet. Zahlreiche Publikationen zum Thema Ayur-Veda.

Ayurveda -

Dr. med. Ernst Schrott, Arzt für Naturheilverfahren und Homöopathie. Vorstand der Deutschen Gesellschaft für Ayurveda.

So etwas wie „den Kopfschmerz" gibt es gar nicht. Verschiedenste Ursachen führen zu Kopfschmerzen mit verschiedenster Symptomatik, und eine ganzheitliche Behandlung, die nicht nur den Schmerz bekämpfen will, sondern wirkliche Heilung anstrebt, muss diese Einsicht einbeziehen. Hier wird auf jede Art von Kopfschmerz eingegangen und eine Vielzahl von spezischischen Therapie- und Vorbeugungsmaßnahmen angeboten.

Dr. med. Ernst Schrott
Dr. med. Wolfgang Schachinger

Kopfschmerz muss nicht sein

Die wertvollsten Tipps des Maharishi Ayurveda

144 Seiten
Qualitätsbroschur
ISBN 3-89901-001-9
€ 10,00 | 17,60 sFr

Atemübungen, Massagen, Ernährungsvorschläge, Fastenkuren, Musiktherapie, Meditation und Körperübungen – der Reichtum des Ayurveda hat für jeden Menschen und jede Beschwerde eine passende Behandlung bereit.

Ursprung zeitloser Heilkun

NEUERSCHEINUNGEN HERBST 02

J. Kamphausen

AURUM

Sehr verehrte(r) LeserIn,

jedem leuchtet ein, dass Lebens- und Arbeitsbedingungen, die der eigenen Entwicklung förderlich sind, sich auch in den Ergebnissen zeigen.

Wir haben uns mit unserer Zusammenarbeit im Verlag einen guten Rahmen für Selbstentwicklung geschaffen und stellen Ihnen mit dieser Übersicht die Ergebnisse vor.

Ich lade Sie ein zu prüfen, ob die Früchte unserer Arbeit auch Ihnen auf Ihrem Weg nützlich sein können.

Ihr Joachim Kamphausen
und MitarbeiterInnen-Team

J. Kamphausen
VERLAG & DISTRIBUTION
Postf. 101849 • 33518 Bielefe

„Die Herausforderung ist nicht irgendetwas zu werden, sondern zu sein“

Pyar Troll

Poesie der Stille – Tanz des Lebens

Anleitungen zum Da-Sein

320 Seiten
Qualitätsbroschur
ISBN 3-933496-66-7
€ 18,00 | 30,70 sFr

In ihren Gesprächen mit Suchern und Schülern herrschen Klarheit, Wärme, absichtslose Kraft, Freude ohne Grund, und Liebe, die klar und mitfühlend, unbegrenzt und bodenständig ist. Pyar geht herzlich auf jede Art von Frage ein. Und Buddha, Osho, die fünf Dhyani-Buddhas, Jesus und ehrwürdige buddhistische Meister wie Tilopa, Milarepa oder Rinzai sind gegenwärtig und werden von Pyar oft zitiert und in klaren und einfachen Worten verständlich gemacht.

Pyar Troll, geboren in Oberbayern, arbeitet als Ärztin und lebt mit ihrem Ehemann in glücklicher Beziehung. Mit ihrem ersten autobiographischen Buch „Reise ins Nichts. Geschichte eines Erwachens“ erreichte sie Tausende von Menschen. Hunderte kommen regelmäßig in ihre Satsangs und Retreats.

Erleuchtung ist das Erkennen des Lichtes in unserem eigenen Inneren.

Paul Ferrini war ein Ungläubiger, ein Zweifler, ein Suchender und ein Fragender, ein Mensch in der Krise, der sich als Versager fühlte, als vom Leben benachteiligt und von Gott (wenn es ihn überhaupt gab) verlassen. Doch irgendwann wurden seine Fragen beantwortet, von einer Stimme, die sich in seinem Innern zu Wort meldete und die er als die Stimme Jesu erkannte. Als spiritueller Lehrer sieht er seine Aufgabe darin, Menschen den Weg zum Licht in ihrem eigenen Inneren zu weisen.

Paul Ferrini

Erleuchtung zum Greifen nah

144 Seiten
Hardcover
ISBN 3-89901-004-3
€ 17,50 | 29,90 sFr

In diesem Buch entmystifiziert Ferrini das Thema „Erleuchtung“ und hilft uns, das Licht zu erkennen, das wir selbst auf unsere spirituelle Reise mitbringen. Wir haben die Tendenz, das Licht in anderen zu sehen, in Gurus oder spirituellen Lehrern, denen wir folgen. Doch früher oder später müssen wir erkennen, dass geborgtes Licht nicht lange vorhält. Nur das Licht in uns selbst kann uns zur Wahrheit führen. Und wenn wir es finden wollen, müssen wir uns ins Dunkel begeben, in jenen dunklen Raum in unserem eigenen Innern, der sehr beängstigend sein kann.

Erleuchtung zum Greifen nah ist ein Schlüssel zu diesem Raum. Es enthält nicht nur inspirierende Texte, sondern auch viele konkrete Übungen. Wer diese Übungen in seinen Alltag integriert, sie Stunde um Stunde, Tag für Tag praktiziert, wird sich zunehmend leichter und glücklicher fühlen – und andere werden das erkennen. Denn wenn wir in Kontakt mit unserem eigenen Licht sind, werden wir zu einem Leuchtfeuer für andere.

Wer die wesentlichen Energien des Taiji-Quan zu beherrschen vermag, kann wahrlich zur Meisterschaft gelangen.

Stuart Olson begann 1979 mit dem Studium der chinesischen Sprache. Von 1982 an lebte er viele Jahre lang als Schüler unter einem Dach mit Meister Liang Dong-Zai, der ihn sowohl in die Feinheiten der Kampfkünste als auch in die der chinesischen Sprache einweihte und ihm bei der Übersetzung dieses Werkes eine große Hilfe war. Heute lebt Stuart Olson in Stockton, Kalifornien, wo er Taiji-Quan unterrichtet. Er hat verschiedene Werke über die Kampfkünste verfasst und herausgegeben.

Das moderne Taiji-Quan verdankt seine enorme Popularität hauptsächlich einer Familie, die es als System zur Selbstverteidigung und Gesundheitspflege auf der ganzen Welt etabliert hat – der Familie Yang. Die lange geheim gehaltenen Trainingsdokumente dieser Familie wurden im Jahre 1943 erstmals in China veröffentlicht – als Raubkopie, die Chen Gong, ein Schüler von Yang Cheng-Fu, hatte anfertigen lassen. Stuart Olson hat diesen bedeutendsten Text in der Geschichte des Taiji-Quan so zuverlässig und verständlich übersetzt, dass Taiji-Übende aller Stufen umfassend davon profitieren können.

Dies ist der zweite Teil der geheimen Trainingsdokumente, der ganz den wesentlichen Energien des Taiji-Quan gewidmet ist. Das Konzept der wesentlichen Energien galt lange Zeit als rätselhaft und unverständlich. Dies ist vielleicht das erste Buch, in dem eine Lösung des Rätsels deutlich erkennbar wird. Anders als in der amerikanischen Ausgabe von 1995 wurden die Energien hier in sieben Gruppen angeordnet. Dadurch bekommt der Leser nicht nur einen besseren Einblick in die einzelnen Energien, sondern kann auch deutlicher erkennen, wie sie in der Praxis zusammenwirken. Ausführliche Beschreibungen und Fotografien erleichtern das Einüben einzelner Energieformen.

Stuart Olson (Hg.)

Das Wesen des Taiji-Quan

Die geheimen Trainingsdokumente der Familie Yang

232 Seiten
mit 70 s/w- Abb.,
Hardcover
ISBN 3-89901-003-5
€ 18,50 | 31,50 sFr

Die Magie der Liebe wohnt in der Tiefe unserer eigenen Seele

Maria Szepes

Magie der Liebe

160 Seiten
Qualitätsbroschur
ISBN 3-89901-005-1
€ 17,50 | 29,90 sFr

In diesem Buch führt Mária Szepes die Leser in jene „verzauberte Landschaft, in der man die Liebe nicht nur findet, sondern ihrer auch nie überdrüssig wird“. Dieses Zauberland ist kein Ort, sondern vielmehr ein Zustand. Die Liebe, die dort zu finden ist, kann durch nichts getrübt werden, und je mehr man davon gibt, desto mehr bekommt man. – Das klingt nach mystischer Liebe zu sich selbst oder zu Gott? Mitnichten. Hier geht es um die Liebe zu einem Partner, um sexuelle Liebe und um das harmonische Zusammenleben in einer langjährigen Verbindung.

Mária Szepes war 56 Jahre lang glücklich verheiratet, mit ihrem „ersten und einzigen“ Mann, der, wie sie sagt, auch nach seinem Tod weiter in ihr lebt und ihr jeden Tag aufs Neue „eine Quelle vieler Wunder ist“. Eine solche Liebe ist sicherlich eine Gnade und ein ganz besonderes Geschenk. Und doch müssen auch „Seelenpartner“ etwas dafür tun, dass ihre Liebe lebendig bleibt. Kaum jemand weiß besser Bescheid über das, was man als „Alchimistische Hochzeit“ bezeichnet, die Auflösung des Ich im anderen. Davon ist in diesem Buch natürlich die Rede, aber – und das macht es so besonders – auch von jenen vielen kleinen Dingen, die eine Verbindung überlebensfähig machen, tauglich für den ganz gewöhnlichen Alltag.

Mária Szepes wurde als Autorin des berühmten esoterischen Romans *Der Rote Löwe* weltbekannt. Ihr Buch *Magie des Alltags* erschien im Frühjahr 2001 bei Aurum. Mária Szepes lebt in Budapest, Ungarn.

Eine Frau auf dem Weg in die Freiheit

Barbara Vödisch war zehn Jahre lang als Tanztherapeutin in psychiatrischen und suchttherapeutischen Einrichtungen tätig.
Ihre Bewusstwerdung führte dazu, dass sie sich immer mehr mit unterschiedlichen Formen der Energiearbeit beschäftigte. Sie unterstützt Menschen darin, sich von Verstrickungen zu befreien, das „Göttliche" im Alltäglichen zu erkennen und sich ihrer eigenen göttlichen Essenz mehr und mehr bewusst zu werden. Sie hält Vorträge und gibt Seminare.

Barabara Vödisch

Erwachen ist einfach

Mein Weg in die Freiheit

176 Seiten
Qualitätsbroschur
ISBN 3-933496-63-2
€ 14,50 | 25,20 sFr

Dieses Buch führt uns auf eine Reise in die Erlebnisse und Erfahrungen eines höchst menschlichen Lebens und in den tiefen Frieden jenseits all dessen. Es erzählt die Geschichte eines kleinen Mädchens, das den Tod „übt“, weil es wissen will, was es noch gibt. Die Geschichte eines Teenagers in Schwarz, der nichts als Schmerz und Leid zu erleben glaubt; einer jungen Frau, die sich auf die Liebe einlässt, obwohl sie ihr Angst macht; einer Frau, die immer wieder Angst hat und dennoch springt – ins Nichts, ins Ungewisse. Diese Frau macht sich von unbeschreiblicher Sehnsucht getrieben auf die Suche nach unendlicher Liebe, nach Einssein, nach etwas, das sie nicht benennen kann. Es ist keine bewusste Suche nach Erleuchtung, und sie geht ihren Weg allein, ohne Guru, ohne äußeren Meister.

Was dieser Frau passiert ist, kann als „Erwachen“ bezeichnet werden – und doch führt sie ein ganz normales Leben in Freiheit, Stille und Frieden: Sein. Dieses Sein ist immer da und es ist jedem Menschen zugänglich. Das ist die Botschaft dieses Buches.

Begleiter auf dem Weg ins Jetzt

Barbara Vödisch (Texte)
Shivananda Heinz Ackermann (Bilder), Kunst-Maler und Grafiker, hat die Illustrationen eigens für dieses Kartenset angefertigt. Sie unterstreichen die Wirkung der Weisheiten auf einzigartige Weise.

Die gute Nachricht zuerst: Jeder von uns hat bereits alles, was nötig ist, um die Unendlichkeit zu erfahren. Sein, Freiheit, Stille und Friede sind immer da und jedem Menschen zugänglich. Erwachen ist also eigentlich ganz einfach. Doch leider haben wir vergessen, dass wir schon ganz sind, dass es nichts zu verbessern gibt und dass wir das Licht von Geburt an in uns tragen. Wir müssen uns also wieder erinnern, und das möglichst jeden Tag aufs Neue.

Diese vierzig Karten sind ideale Erinnerungshilfen. Sie können Sie nutzen, indem Sie jeden Morgen eine Karte ziehen – oder ganz bewusst aussuchen – und den Spruch darauf zu Ihrem Motto für den ganzen Tag machen. Sie können sie auch wie ein Orakel nutzen, indem Sie sie verdeckt auslegen und eine Antwort auf die Frage ziehen, die Ihnen gerade besonders am Herzen liegt. Die Antwort wird, wie immer sie ausfällt, auf das hinweisen, was ist – jetzt!.

Barbara Vödisch
Shivananda Heinz Ackermann

Einfach sein

Spiel der Erkenntnis

40 vierfarbig illustrierte Karten,
mit Begleitheft, im Schuber
ISBN 3-933496-64-0
€ 19,50 | 33,00 sFr

Dr. med. Wolfgang Schachinger, seit 1984 Arzt für Allgemeinmedizin in Ried/ Österreich. Leiter eines Maharishi-Ayurveda Gesundheitszentrums. Präsident der Österreichischen Gesellschaft für ayurvedische Medizin.

Gelenkschmerzen gehören zum weiten Spektrum rheumatischer Erkrankungen mit etwa 450 verschiedenen Krankheitsbildern. All diese Krankheiten haben im Grunde nur eines gemeinsam: den an den Bewegungsorganen auftretenden Schmerz. Dieses Werk wird allen gerecht, ohne sich im Allgemeinen zu verlieren. Stellt doch der Ayurveda den einzelnen Patienten mit seinen besonderen Anlagen zum Krank- und Heilwerden sowie dessen körpereigene Abwehrkräfte und sein inneres und äußeres Gleichgewicht in den Mittelpunkt. So kann sicher gestellt werden, dass der Heilerfolg nicht nur von kurzer Dauer ist.